Louis Gillet

L'Art siennois

Critique

ISBN : 978-1724506733

10 9 8 7 6 5 4 3 2 1

Louis Gillet

L'Art siennois

Critique

Table de Matières

Introduction

La charmante ville de Sienne a ouvert une Exposition de son art d'autrefois. Tout ce qui touche Sienne ne peut manquer d'avoir pour des Français un intérêt particulier. Son histoire s'est mêlée à notre histoire, et son génie semble présenter quelques analogies avec le nôtre : génie enjoué, hardi, amoureux de chimères, d'ailleurs prompt aux crises, aux discordes, aux révolutions, et qui fait dire injustement beaucoup de mal des deux pays. Dante, qui ne nous aimait guère, ne laisse pas échapper ce trait. « Sienne ! s'écrie-t-il quelque part, est-il dans l'univers une engeance plus frivole ? Non vraiment, — pas même la France. » Et nous voilà damnés dans le même cercle des colères du poète !

Sienne est toute gaieté, tout caprice, toute fête. Nulle cité d'Italie n'est plus aimable, plus riante. Florence, ville de plaine, ville d'industrie et d'affaires, fourmille au bord de sa rivière qui apporte et charrie la fortune ; Pérouse est une citadelle ; Orvieto un donjon lugubre et désolé : Sienne ne pèse pas sur les sommets, elle les couronne. Légère, elle repose sur sa triple colline, comme un fronton sur trois colonnes ; c'est ainsi que la représente un de ses plus ingénieux artistes, telle qu'une belle offrande aux mains de la Vierge à genoux. Rarement la terre a-t-elle fait au ciel un plus noble présent, que celui de cette ville aérienne.

De l'une à l'autre de ses crêtes se creusent des vallons, et se suspend une ceinture de jardins et d'ombrages : ainsi des guirlandes se balancent entre les chapiteaux d'un portique. Une brise perpétuelle se joue dans ces verdures. Mais la vraie grâce de ces jardins, ce sont leurs puits. Chaque vallée a sa citerne, où l'eau du coteau se recueille à l'ombre de voûtes gothiques qui entretiennent la fraîcheur de la nappe précieuse. Sienne sourit et elle accueille : une inscription latine salue l'étranger qui arrive par la porte Camollia : *Cor magis tibi Sena pandit*, « C'est mon cœur surtout que je t'ouvre. » Et la voie qui descend au centre de la ville conduit le voyageur devant un bassin de marbre sculpté, la merveille de Sienne que le peuple a baptisée : Fonte Gaia, la Gaie Fontaine. L'antiquité y eût adoré le Génie de la Cité.

Dans cette ville singulière, tout, jusqu'aux désordres et aux folies, résulte d'un incorrigible idéalisme. Elle en offre des monuments éblouissants. Mais, à ce titre, la plus ressemblante image que Sienne ait donnée d'elle-même, c'est à coup sûr cette cathédrale inachevée dont les vestiges se dressent, au faîte de la ville, sur la plus haute des trois collines, et portent témoignage pour un chef-d'œuvre dont nul ne devait voir le plein accomplissement. La République avait résolu d'ériger à la Vierge une église colossale : la construction entière en devait durer cent ans. Il arriva de ce dessein ce qui était inévitable. Il ne reste aujourd'hui de l'entreprise abandonnée que l'ancienne cathédrale, — destinée à former dans l'ensemble projeté le bras gauche du transsept, — et cinq arches, semblables à des géants oisifs, mélancoliquement debout au bord d'un espace désert que ferme un pan de muraille grandiose. Ainsi règne sur l'acropole de Sienne la cathédrale idéale dont ces fragments majestueux, ébauche ou ruine, nous suggèrent la vision ; ainsi plane sur la ville le souvenir d'un rêve.

Le rêve de l'âme siennoise ne s'est-il donc exprimé nulle part ? S'est-il abîmé à jamais avec Sienne elle-même, et sommes-nous réduits à en déchiffrer le secret sur le visage d'une morte ? Non. Les peintres, les sculpteurs lui ont donné la vie immortelle de l'art. La réunion de leurs ouvrages, dans la ville même où ils furent composés, devait prendre une signification et une éloquence incomparables. Malheureusement cette collection, organisée à la légère, présente de graves lacunes. La moindre recherche eût suffi à l'enrichir des trésors enfouis dans les églises des villages. Quant à l'étranger, on y a fait si peu d'appel qu'il s'est ouvert à Londres, en même temps qu'à Sienne, une Exposition de peintures siennoises, tirées des galeries anglaises. Ces vides sont mal comblés par un étalage d'armes, d'ornements d'église, de documents topographiques, de poteries, de bibelots, où presque aucun objet, parmi ceux qui occupent d'autres personnes que les curieux, ne s'élève au-dessus du vulgaire.

En un mot l'Exposition eût offert peu d'attrait, si l'on n'avait eu la ressource de la loger dans les salles incomparables de ce Palais Public où s'employèrent deux siècles de grands décorateurs. Ou plutôt l'Exposition ici est partout, et c'est Sienne elle-même ; Sienne qui est, avec sa cathédrale, ses trente-deux églises, ses palais, sa riche Académie, sa Libreria, sa Biccherna, un musée vivant. Or le moment est bien choisi pour parler de l'art Siennois. Beaucoup de travaux excellents ont été consacrés à Sienne en ces dernières années. Des documents sont sortis des archives. On s'est aperçu peu à peu que l'histoire de la Renaissance n'est pas tout à fait telle qu'on l'enseignait sur la foi de ceux qui, en nous la contant, ont eu soin de l'accaparer ; que Florence s'y attribue un rôle trop éminent et s'y fait trop belle la part de l'initiative ; et que Sienne, toute voisine soit-elle, n'en est guère moins éloignée par le génie que Venise ou Cologne. Ainsi éclairée, l'œuvre des artistes siennois, que beaucoup dédaignaient, qu'on ne regardait guère, prend une valeur inattendue. Cette Exposition n'aura pas eu une médiocre utilité, si elle a servi à ramener les regards vers un art dont la gloire avait été trop complètement sacrifiée à celle de l'art florentin.

Section I

L'école siennoise est l'aînée des grandes écoles italiennes. Dès l'aube du XIIIe siècle, avant Florence, avant Pise elle-même, elle a des peintres. Pauvres peintres, il est vrai, pour la plupart, humbles faiseurs d'images, barbares sans être primitifs, ignorants sans avoir le privilège de l'ignorance, la grâce de la naïveté ! Le style byzantin n'est plus entre leurs mains incultes que la plus grossière routine : toutes les formes en sont raidies et pétrifiées. On trouve à l'Exposition une dizaine de leurs œuvres : ce sont des monstres. L'historien leur doit toutefois un regard de sympathie : ils ont rendu à l'art cet incomparable service de conserver l'usage de la détrempe et de la fresque, et, comme le tison sacré qui couve sous les cendres, de sauver, tandis que régnait la mosaïque, les destinées de la peinture. Mais déjà le byzantinisme commence à se dégager de ses rouilles. Un rajeunissement inexplicable déride l'ancienne rigueur. A côté du manœuvre on voit apparaître l'artiste. Le grand libérateur ici, comme à tant d'autres égards, est saint François d'Assise. La seule nécessité de représenter son histoire, pour laquelle il n'y avait pas de formules toutes faites, oblige le peintre à créer. Il bégaie, mais il improvise. Mille émotions nouvelles se mettent à souffler dans le monde. Ce mouvement ne suffit pas sans doute à faire jaillir une poétique tout neuve : il ranime du moins l'ancienne tradition. En même temps arrivent d'Orient, sur les vaisseaux de Pise, alliée politique de Sienne, les originaux de Byzance, ivoires, émaux, miniatures, qui rendent aux peintres les vrais modèles de leur art. Enfin la grande révolution gothique, qui vient de s'accomplir en France, commence à faire le tour du monde, et construit aux portes de Sienne, pour l'ordre de Cîteaux, l'abbaye dont on admire encore, encadrant le pur ciel toscan, les pures fenêtres bourguignonnes. Et, dans le sud de l'Italie, de Palerme à Messine, à la délicieuse Capoue, s'ébauche autour d'un Empereur qu'environne une cour de philosophes juifs, d'Arabes averroïstes, d'artistes et de troubadours, une vraie Renaissance avant la Renaissance, que ne peut ignorer la gibeline Sienne. Son Musée offre encore quelques exemples de ces premiers progrès, de ces premiers sourires. Et nous pouvons admirer à l'Exposition le plus noble effort de ce temps, la grande *Madone* de Guido. La signature du peintre se lit dans un distique léonin, suivi d'une date fort discutée : 1221. Les visages et les mains, repeints aux dernières années du siècle, ne laissent plus guère juger de ce que l'auteur savait faire. Pourtant, par ses dimensions seules, par la grandeur des draperies, par l'attitude déjà plus tendre de la Mère et le geste plus vif de l'Enfant, par un accent partout plus intelligent, plus sincère, cette peinture, à cette date, assure à Sienne l'honneur d'une considérable avance.

Vers la fin du siècle, l'école allait trouver son expression définitive et se créer son langage propre. Sienne est alors dans toute sa force. Elle n'a guère moins de quatre-vingt mille âmes. Elle est plus grande que Londres, plus grande que Paris. Elle est surtout plus riche. Elle fait le commerce de la soie et de la laine. Placée sur la route de Rome, sur la Via Francigena (la France, comme l'ancien Empire, avait donné son nom à tous les grands chemins du monde), les caravanes interminables d'ânes et de mulets entraient, sortaient par ses trente-six portes, et faisaient voyager sur leurs bâts sa fortune. Aujourd'hui encore, un des caractères de Sienne, ce sont les écuries innombrables qui exhalent dans ses ruelles leur odeur de paille foulée, et sont pour la ville montagnarde ce que, pour Venise, seront son port et ses bassins d'échouage. Mais sa principale industrie, c'est alors le trafic de l'argent. Sienne est, à cette date, la plus grande puissance financière d'Europe. La France, la Flandre, l'Angleterre sont couvertes de ses comptoirs. Banquiers du Pape et de l'Empereur, prêtant à Dieu et à César, les Siennois opèrent des coups formidables. Ce trait étonnera chez ce peuple mystique. Mais chez lui l'amour de l'argent devient une forme de l'amour de la patrie. La veille de la bataille de Montaperti, un Salimbeni proposa de prendre à ses frais la solde des Allemands envoyés par Manfred, et de la payer double : ce fut une somme de cent vingt mille florins d'or, qu'il apporta, séance tenante, sur une charrette drapée d'écarlate et couverte de rameaux d'oliviers.

La puissance de Sienne avait une ennemie : Florence. Sienne est gibeline, Florence guelfe. Chacune d'elles, sans sa rivale, serait souveraine en Toscane. Toutes deux ont des ambitions égales, un égal besoin de s'étendre. Le conflit est inévitable et les frontières sont indécises. Ce qui rend le duel nécessaire, ce n'est pas seulement l'opposition des politiques, la concurrence des intérêts : c'est quelque chose de plus profond et de plus fort, une haine de tempéraments. L'étrange, la bizarre, la folle Sienne, ce peuple inexplicable dont quelqu'un a dit qu'il est un cinquième élément, plus subtil que l'air et le feu, était un voisinage insupportable à la positive Florence. Jamais elle ne put souffrir cette race exceptionnelle. Marzocco gronde et gonfle sa crinière à la seule odeur de la Louve. Dante ne place pas une âme siennoise en paradis. C'est aux Siennois qu'il réserve dans l'enfer quelques-unes de ses tortures les plus exquises. Il regarde l'un de ces damnés déchiré par ses compagnons dans le marais de Phlégias, boueux, souillé, sanglant, horrible, et ajoute ce cri féroce : « J'en rends encore grâces et louanges à Dieu ! » Sienne, de son côté, n'est pas mieux disposée à l'égard de « cette canaille » de Florence. Au bout d'une centaine d'années de petites guerres et d'empiétements réciproques, une querelle plus grave éclata : les deux peuples se ruèrent l'un sur l'autre. Le choc eut lieu le 4 septembre 1260, dans la vallée de l'Arbia, au pied des hauteurs de Montaperti. On se battit depuis le matin jusqu'au soir. Florence fut anéantie. Le soleil couchant aveuglait ses soldats. Au même instant les Siennois firent donner leur cavalerie de réserve. Du haut d'une des tours de Sienne, le tambour de ville suivait les péripéties du combat, le flux et le reflux des armées, et criait les nouvelles aux femmes en prières sur la Place, annonçant chaque progrès des leurs par de rapides roulements. Tout ce qui ne put fuir, se rendit. Une vivandière siennoise fit de ses mains trente-six prisonniers « qui allaient derrière elle comme les poussins derrière une poule. »

Alors commence pour Sienne un siècle d'une grandeur inouïe. C'est un épanouissement subit, splendide, irrésistible. Elle éprouve une ivresse, semblable à celle de l'adolescence. Elle se découvre des sens inconnus. La vieille cité du moyen âge dépouille son vêtement vermoulu de masures, ses noires maisons de bois, et se reconstruit tout à coup de briques et de pierres. Elle fait spontanément de l'art, comme les jeunes gens font des vers. Six ans après son triomphe, elle inaugure dans sa cathédrale la chaire éblouissante de Nicolas de Pise, cette cuve de marbre où fermentent et bouillonnent tous les principes de vie du siècle, les deux Renaissances gothique et classique, le double génie du Nord et du Midi. Jean de Pise, fils de Nicolas, est pendant trente ans chef des travaux de la cathédrale. L'école de sculpteurs siennois qui se forme sous ces deux maîtres couvre l'Italie de chefs-d'œuvre : vingt monuments, à Pise, à Arezzo, à Naples, n'épuisent pas cette activité, dont le plus bel ouvrage demeure la façade du Dôme d'Orvieto, le seul portail italien qu'on puisse comparer à ceux de Chartres, d'Amiens, de Bourges, de Paris. Restait à exprimer cette vie dans la peinture, art toujours plus tardif et de maturité plus délicate. Ce fut l'œuvre de Duccio di Buoninsegna. Sienne salua avec transport l'avènement de ce maître vraiment national. Le jour où apparut son chef-d'œuvre, que Sienne conserve encore, ce fut une fête publique. C'était le 9 juin 1311. Les boutiques fermèrent. Toutes les cloches sonnèrent. L'évêque, le clergé, les moines, tout le gouvernement, les magistrats, les Neuf, le peuple entier avec des cierges allumés, escortèrent solennellement le tableau jusqu'au Dôme, suivis des enfants et des femmes. Le reste de la journée se passa en oraisons et en aumônes. II Placé sur l'autel majeur de Notre-Dame, ce tableau, en effet, devait être quelque chose d'éclatant et de flamboyant, avec ses clochetons, ses gables, ses pinacles, ses surfaces ruisselantes d'or, ses gerbes de flèches d'or, elles-mêmes sculptées et fleuries d'or, et recevant, concentrant, dardant l'or des rayons qui tombaient de la coupole. Les arts étaient alors moins divisés que de nos jours : les monuments, la statuaire étaient polychromes ; le tableau participait de l'architecture, de la menuiserie, de l'art des doreurs et des orfèvres. On ne trouvait pas que ce fût trop du concours de toutes les industries humaines pour accroître le prix de l'offrande faite à la divinité. Plus tard, le goût ayant changé, le chapitre de la cathédrale remplaça le tableau hors de mode par un tabernacle de bronze. On eut la barbarie de briser le somptueux cadre gothique, et de scier le tableau lui-même, qui était peint sur les deux faces, en deux parties qu'on exposa séparément dans deux chapelles. Les gradins furent démontés, relégués dans la sacristie. Quelques pièces s'égarèrent et furent vendues à Londres et à Berlin. Il y a peu d'années que les débris ont été rassemblés à l'étage supérieur d'un musée qu'on appelle l'Œuvre du Dôme. C'est là qu'il faut aller les voir, puisque l'Exposition, — hormis une petite figure d'apôtre, de la collection Stroganof, — n'offre rien de ce grand maître, et qu'on a perdu cette occasion unique de remettre à la place d'honneur un chef-d'œuvre méconnu.

Cette ruine en effet, ainsi dépecée, est encore le monument capital de la peinture siennoise, un des plus considérables de toute la peinture italienne. Il est ici ce que sera en Flandre le retable des Van Eyck : la Bible d'une race. Ses deux faces en résument le génie sous son double aspect, et semblent les deux Testaments où l'école entière ne cessera de s'inspirer. Le revers, autrefois tourné vers le chœur de l'église, et racontant la vie du Christ, offre dans le récit tout le charme et, disons-le, tous les défauts des artistes siennois. La face qui regardait la nef fixa pour jamais, dans l'esprit des fidèles qu'elle enchanta, leur idéal de poésie et leur rêve de beauté.

Au premier regard, le revers, avec ses vingt-six scènes d'un format de miniatures, avec sa frise qui les sépare en deux doubles rangées superposées, avec la monotonie architecturale de son vaste développement, et son fourmillement de petits personnages qui sont des ombres sur l'or uniforme des fonds, ce revers fait songer à ces portes de bronze qui, — depuis celles que décrit Virgile, jusqu'à celles de Ghiberti que Michel-Ange voulait voir pour portes au Paradis, — sont dans l'art italien la forme supérieure de la porte de temple. Le sujet est la suite de l'Évangile, de l'entrée à Jérusalem jusqu'à l'entrée à Emmaüs : le même précisément que, six années plus tôt, Giotto avait illustré à Padoue sur un des murs de l'Arena. Cette comparaison éclaire du jour le plus vif l'originalité et les mérites des deux maîtres. Ce qui frappe chez le Florentin, c'est l'expression dramatique et la concision. Le moment est définitif, le choix parfait, chaque scène portée à son extrême intensité, l'action simple. Le Christ, les deux ânons, quelques figurants, voilà son *Entrée à Jérusalem* ; sur le Golgotha même, une seule croix, une seule agonie, un seul drame. Duccio, au contraire, cède à l'attrait pittoresque. Sur le Golgotha il nous montrera les trois croix, les curieux, les prêtres, les licteurs, les chevaux bousculant la foule avec leurs croupes, les trois gardes accroupis qui tirent la tunique au sort, la cohue hérissée d'aigles, d'enseignes, de piques, l'éponge au bout du fer de la lance et, parmi tout ce peuple grouillant, riant, criant, blasphémant ou indifférent, le sévère désespoir de la Vierge qui défaille, mais résiste et se tient debout. Ce n'est plus, comme chez Giotto, le pathétique violent du dramaturge, c'est la vraisemblance plus fine du roman. Son *Entrée à Jérusalem* nous mettra sous les yeux toute une fête populaire. On y découvre les germes de ce qui deviendra la peinture de genre. Elle abonde en détails charmants, qui se suffisent et font tableau : un homme qui se chauffe les pieds devant le feu, une servante qui monte de l'eau à l'étage supérieur, un groupe de voyageurs qui arrivent le soir aux portes d'une ville. Il devient presque indifférent de savoir si l'homme est saint Pierre, si la femme est au service du grand prêtre, si la ville qu'on voit là-bas est une ville de Galilée. Le fait s'évanouit, rien n'en subsiste plus qu'un sens général et très vague, baigné dans une sorte de vapeur d'Evangile, et que chacun est libre d'interpréter à son gré. C'est le charme du « tableau de genre » supérieur, de la *Famille du Menuisier* ou du *Bon Samaritain* de Rembrandt : couvres merveilleuses, où le motif n'est presque rien, dont le sens est presque infini, et qui, pour tout dire, ne sont que des sujets de rêve proposés par un grand poète.

Mais ce qui fait surtout que Duccio est un maître, ce qui lui assure un haut rang parmi les créateurs, c'est la partie opposée de son retable, où il a peint ce qu'on appelle une *Vierge de majesté*. Ici point d'embarras ; nulle réserve à faire : on ost en présence d'une de ces œuvres qui plaisent au premier coup d'œil. L'ensemble est de toute splendeur : une nappe d'or, des étoffes brodées et chargées d'or, une haie d'anges aux plumes d'or ; des couleurs riches et sourdes, des rayonnements et des tournoiements d'auréoles, toute une cour céleste, calme, debout ou à genoux, tenant des livres ou des palmes, rangée dans cette sublime et grave symétrie dont l'Ecole faisait un attribut de Dieu ; et, au centre de cette gloire, dans l'isolement magnifique de sa stature surnaturelle, la Vierge, assise sur un trône de marbre, tenant l'Enfant sur ses genoux. De la *Madone* de Guido à celle-ci, en moins d'un siècle, quelle distance [1] ! Quel enrichissement d'impressions, d'idées, d'images ; quel assouplissement et quelle extension du langage ! De quel prestige s'accroît la royauté de la Vierge, grâce au chœur sacré qui l'entoure et lui répète l'écho de sa gloire ! De combien de degrés encore sa majesté s'élève, par la stature surhumaine qui la distingue de sa cour d'adorateurs ! Impossible d'imaginer, dans l'expression d'une forme colossale, un trait plus pur, plus soutenu, avec le degré de souplesse qui l'anime sans l'amoindrir. Toute vêtue d'azur, dans un vaste manteau dont un pli enveloppe la tête, superbe et gracieuse, elle se montre à nous, modelée et pour ainsi dire sculptée dans une seule couleur. On devine son corps en dessous, ses épaules étroites et pures, le geste maternel du bras dont la belle main s'allonge et caresse l'Enfant, la rondeur des genoux, autour desquels l'étoffe se drape en rayonnant à plis nombreux. Elle est auguste et tendre. Elle est déesse et elle est femme. Pour son visage, serein et pensif, aux longs yeux en amande, au nez fin, aux joues parfaites, à la bouche charnue et rose, d'une grâce galiléenne, tous les peintres de Sienne en demeurèrent amoureux.[2] Une guimpe flotte autour de ses joues, sur son front, se pose une étoile. Sur le degré de son trône l'artiste a écrit un distique où, ayant imploré la paix pour sa patrie, il ajoute cette prière naïve : « Fais-moi vivre éternellement, puisque je t'ai faite si belle. »

En effet, parmi les poètes de la forme humaine, bien peu ont surpassé Duccio. Pour lui trouver un égal, il faudra attendre deux

1 La comparaison serait plus claire encore avec la fameuse *Madone des Rucellai*, faussement attribuée à Cimabuë, et qui est une œuvre de la jeunesse de Duccio, peinte en 1285. Le texte de la commande est cité par Milanesi, *Documenti*, t. I, pp. 158-160. La première mention de Duccio par les archives est de 1218. Le seul ouvrage indiscutable qui nous reste de Cimabuë est la mosaïque de Pise exécutée en 1301. Le premier ouvrage certain de Giotto est la mosaïque du narthex de Saint-Pierre de Rome, exécutée en 1298.

2 La forme si particulière des yeux dans les peintures siennoises est tout le contraire d'une trace de byzantinisme. Rien n'est plus remarquable que la dilatation des yeux dans les peintures antiques, dont les byzantins continuèrent l'usage avec des expressions de plus en plus hébétées et hagardes. Le peuple comprit fort bien cela. Le tableau de Duccio remplaça sur l'autel une vieille Madone byzantine. On ne connut plus la détrônée que sous le nom de la Madone aux gros yeux, la *Madonna degli Occhi Grossi*.

siècles et la Venise de Giorgiono. Leur œuvre à tous deux est un hymne, un hymne à la jeunesse. Mais peut-être les créatures du vieux maître siennois, ses Agnès et ses Madeleine, ses Daniel, ses Victor, ses Galganus, ont-ils quelques charmes qui manquent à leurs compagnons vénitiens. Leur délicieux printemps sort d'un plus rude hiver. Ce n'est pas tout. Au siècle de Giorgione, une vertu s'est perdue que Duccio possède encore : la pudeur. Chez lui, l'émotion religieuse est un autre infini qui s'ajoute à l'infini de la passion humaine. C'est ce qui rend la grâce plus mélancolique dans le Paradis du Siennois ; c'est ce qui incline les visages plus accablés de volupté et de rêve. Plus beaux toutefois que ses vierges, plus troublants que ses jeunes hommes, prophètes ou chevaliers, palpitent les archanges aux ailes repliées, et qui, môles aux groupes des bienheureux, y demeurent étrangers par leur nature plus ardente et exaltée de plus sublimes désirs. A quoi songent-ils ? On l'ignore. Ils se penchent vers la Madone, accoudés au dossier de son trône, et contemplent. Leurs visages pareils, leurs attitudes mesurées, scandent le merveilleux tableau. Chacune de ces figures divines semble une strophe d'une invocation passionnée à l'Idéal.

Aussi bien on comprend sans trop de peine comment s'est produit ce soudain épanouissement. Sienne est alors si jeune, si confiante, si fringante ! Elle déborde d'une joie sublime. Elle est à l'âge privilégié où tout sourit, enchante, enivre. Duccio est venu pour en exprimer l'émotion dans l'art. Et il était si bien l'homme qu'il fallait pour cette œuvre ! Lui aussi il a une âme d'adolescent. Rêveur, distrait (les documents l'attestent), léger dans ses affaires, facile à la dépense, facile à divertir, grand bayeur aux étoiles et mis pour ce fait à l'amende par la police, emprisonné pour dettes, et encore pour refus de servir dans la milice, naïf, ingénu, doux, pieux, incorrigible, ce grand homme avait la candeur d'un grand enfant. Le songe dont Sienne s'enchantait, il le portait en lui. Son chef-d'œuvre, c'est Sienne elle-même, la molle, la pieuse, l'étourdie, la charmante, qui prenait figure dans l'art. C'était le portrait accompli de la cité légère à cette heure d'ivresse et d'éclat que les nations, comme les hommes, ne connaissent qu'une fois, et dont le souvenir dure jusqu'à la mort, comme un plaisir et un regret.

D'où vient que ce maître admirable, pore d'un art, créateur d'une poétique complète, ait attendu si tard une gloire égale à son génie ? Sans doute sa renommée a souffert de l'étrange erreur qui a longtemps sacrifié l'école siennoise à Florence. Mais il est une raison plus précise de cet oubli. S'il y a en effet un art vraiment italien, un genre là-bas national et dont la race se soit fait une expression incomparable, c'est la peinture monumentale. Duccio n'a peint que des tableaux. Et de son vivant même, quatre ans à peine après l'apparition de sa *Vierge de Majesté*, il put la voir ravie en quelque sorte à son retable, et transportée à fresque sur un mur du Palais Public, par Simone di Martino, lequel hérita de sa gloire.

Section III

Lorsque redescendant de l'Œuvre du Dôme, on rentre à l'Exposition, dans la salle du Conseil de la République, et que tout à coup se découvre la grande *Maestà* de Simone, l'impression qu'on éprouve est celle d'un accomplissement, cette admiration faite de la certitude que l'art atteint là des limites qu'il lui est interdit de franchir. C'est le même sujet qu'on a vu traité tout à l'heure, inspiré des mêmes idées, exprimé dans le même langage, mais porté cette fois à la toute-puissance. Partout où il restait un pas à faire, le pas est fait. L'ensemble est souverain, l'exécution suprême, l'impression absolue : le génie d'une école a dit ici son dernier mot.

C'est bien le retable du Dôme, tel que Duccio l'avait peint, mais il est élargi, agrandi, enrichi de timbres nouveaux, plus sonore, plus profond, plus vaste, plus peuplé, transposé d'un registre inférieur dans le registre de la fresque, des proportions du tableau étendu aux proportions monumentales. Le développement est plus ample, la polyphonie plus complexe. Le trône prend une importance et une élégance nouvelles, s'exhausse de deux degrés, se flanque de deux ailes à boiseries gothiques. Aux quatre patrons de la ville à genoux se joignent deux figures bleues, agenouillées aussi, un couple d'anges offrant à la Madone des corbeilles de roses. C'est un luxe inédit d'instrumentation qui entre dans la symphonie. C'était Mozart, voici Berlioz. Les bienheureux, chez Duccio, formaient une cour : chez Simone, ils forment foule. Aussi l'Enfant Jésus ne peut plus être assis sur le giron de sa Mère : il s'y met debout, comme un roi, tandis que, couronnant cette peinture immense, en liant les parties, imprimant à l'ensemble une grandeur définitive, règne sur l'assemblée sacrée l'étoffe souple et magnifique d'un dais porté par huit apôtres. L'école siennoise est entrée ici en pleine conscience de son objet et de son art. Mais en même temps, le sentiment, toujours aussi sincère que chez Duccio, a je ne sais quoi de moins naïf ; le caractère, quelque chose de plus officiel. La tradition se fixe. Lippo Memmi, chargé deux ans plus tard de peindre une *Maestà* à San Gimignano, désespéra de faire mieux, et se borna à reproduire la composition de Simone.

Ce maître irréprochable fut pendant quinze ans le chef incontesté de l'école. C'est à lui que la République, après la victoire de Montemassi, commande le portrait équestre du condottiere heureux. Mais sa renommée l'engagea dans de longs voyages : ses quinze dernières années se passèrent loin de sa patrie, et il mourut en Avignon, où il a peint des fresques dans le Château des Papes. C'est là qu'il rencontra Pétrarque, là qu'il fit le portrait de Laure. Cette amitié illustre le recommanda à la gloire : l'habile Florence adopta le peintre chanté par son poète ; tous deux restent unis dans la mémoire et dans les cœurs, l'un pour avoir « pourtrait, » l'autre pour avoir aimé la beauté d'une femme qui enchante encore le monde, tant de siècles après que nous avons perdu jusqu'au souvenir de ses traits.

Deux maîtres prennent alors à Sienne la place laissée par Simone : ce sont les deux Lorenzetti, Pierre et surtout son frère Ambroise. Leur école se prolonge jusqu'à la fin du siècle. Mais l'âge d'or de l'art siennois devait durer moins longtemps. Il s'arrête au sillon funèbre tracé par la Grande Peste en 1348. Vingt années éclatantes précèdent le sombre fléau. Sienne jouit encore, sous le gouvernement des Neuf, de l'apparence intacte de sa puissance et de sa fortune. Paisible et respectée, elle a au front les derniers reflets du glorieux soir de Montaperti. Elle érige, au-dessus de son Palais Public, le Mangia, cette tour étourdissante qui pousse encore en plein azur son prodigieux cri d'orgueil. Elle délibère de raser l'ancienne cathédrale, et jette les fondements audacieux de la nouvelle. Elle se hâte d'éterniser dans une salle de son Palais l'idéal politique qui l'a faite si grande, et qui est promis désormais à une si prompte ruine. Le moment est splendide et grave. Encore un peu de temps, et vous ne verrez à cette place que la trace empoisonnée de la Mort Noire et les convulsions plus affreuses de l'émeute et de l'anarchie. C'est l'heure ou jamais d'admirer le génie de la race dans cette parfaite plénitude qui devance de si peu d'instants l'irréparable décadence.

Section IV

Le mérite éminent de l'école, entre toutes ses sœurs de Toscane et d'Ombrie, c'est d'être une école de peintres. Elle parle à ravir le langage coloré. Cette qualité restera chez elle indélébile : ses plus médiocres maîtres de la fin du XVe siècle. Neroccio, Benvenuto, seront encore des décorateurs exquis. Dans leur technique particulière, la détrempe et la fresque, ils n'ont pas leur égal, même à Venise. Quant aux Florentins, ils sont trop soucieux de l'action et du pathétique, pour ne pas tenir souvent en mépris la couleur, cette partie sensuelle de leur art. A Sienne plus que partout ailleurs on sait faire d'un pan de mur, d'une voûte, d'une chapelle, d'un tableau, une chose précieuse, satinée, veloutée, douce et riche au regard comme une belle tapisserie. Les ruines mêmes en sont agréables : qu'il surnage, au milieu de leur effacement, une ou deux teintes plus fraîches, le bleu d'une robe, le rose d'une aile, il suffit ! le charme subsiste, et s'exhale vainqueur d'une peinture indéchiffrable, comme le plaisir dure encore quand la chanson s'est évanouie.

Ce n'est pas tout. Un tableau, parfois même une fresque de Sienne, est encore un travail d'orfèvrerie et de niellure. Le fond d'or s'ouvrage sur les bords d'une dentelle infinie tracée à la pointe d'ivoire. Étoffes, coussins, draperies, tout chatoie et brille d'or, en brochages, en ramages, en broderies, en mille damasquinures. Quant aux auréoles, elles enferment dans leurs disques toute une flore merveilleuse, flore des champs, flore des bois, gravée ou en relief, aussi naïve, aussi subtile, aussi variée que la flore gothique enroulée aux chapiteaux de nos églises. Ce sont de vrais chapeaux de fleurs que ces orbes hiératiques. On reste confondu de la somme de patience dépensée presque en pure perte sur ces détails imperceptibles. Pourtant de quels tressaillements ne serait pas privée la peinture siennoise où l'on éteindrait ces infiniment petits de lumière ! L'œil ne distingue dans le pré ni la raiponce, ni le bleuet ni le pied-d'alouette : et ce sont toutes ces corolles invisibles qui font que le pré est fleuri.

Ces peintres sont des poètes. Ils l'ont été pendant deux siècles, tant qu'a vécu l'école siennoise, depuis Duccio leur père, jusqu'aux derniers et moins fameux de ses disciples. Ils ont toujours regardé la nature en idéalistes. Leur poétique se trouve définie merveilleusement par un grand poète. Pétrarque a dédié deux sonnets au peintre de Laure. « Oui, écrit-il, mon Simone a été l'hôte du Paradis, qui était le séjour de cet être adorable. C'est là qu'il l'a vue ; c'est là qu'il l'a pourtraite pour rendre témoignage ici-bas de sa beauté. Son ouvrage est bien tel que le ciel peut les concevoir, non la terre, *où le corps voile l'âme aux regards*. Ce chef-d'œuvre n'était plus possible, l'artiste une fois descendu dans le monde des sens, lorsque ses yeux ressentirent la glace et les ardeurs de la condition mortelle. » Louange singulière ! On eût attendu qu'un amant souhaitât dans cette sorte d'image un réalisme plus exact. Mais si ces vers sont autre chose qu'une suite de creuses hyperboles, ils signifient que Simone n'avait tracé de son modèle qu'une ressemblance tout idéale. Que le curieux se console donc de la perte de ce portrait ! Il n'est pas douteux que ce fût un document médiocre, plus que sobre en détails sur l'apparence visible de la dame de Noves. L'auteur n'y avait peint que le caractère d'un esprit. Les rares portraits qui nous restent de l'école siennoise confirment cette impression. L'exquise peinture de la Cappella delle Volte, à San Domenico de Sienne, où l'on voit sainte Catherine qui donne sa main à baiser à une dévote à genoux, est la plus ravissante des élévations mystiques ; mais bien qu'elle passe pour l'ouvrage d'André Vanni, ami personnel de la sainte, il n'est venu à l'esprit d'aucun de ses biographes d'y chercher un renseignement sur ses traits. L'artiste se croyait en droit de traiter la figure humaine comme font la mort et le feu : il en dégageait une âme impérissable, abandonnant le reste comme un amas de cendres.

Une pareille poétique était-elle applicable à la peinture d'histoire ? Les essais qu'ont faits en ce genre les peintres siennois paraissent en général médiocrement heureux. C'est dans les sujets de pure nature lyrique, sans action, sans geste, où nulle nécessité de fait ne vient contrarier le rêve, limiter le sentiment et troubler la beauté, où il suffit d'être poète, et où le chef-d'œuvre résulte du simple épanchement de l'âme, que se révèle le vrai génie de Sienne. Dans les compositions modestes destinées aux autels ou aux oratoires des fidèles, des figures bienheureuses juxtaposées sur un fond d'or, une Madone avec l'Enfant, c'est là que l'école a déployé, sur des thèmes invariables, toutes les variétés de la grâce, de la ferveur et de la poésie. Ses maîtres sont les peintres suprêmes de la Vierge. Il ne leur suffit plus de la peindre en déesse, telle qu'elle apparaît dans sa gloire sur le tableau de Duccio, ni en princesse couronnée, comme la montre Simone, dans sa vénusté patricienne, présidant du milieu de sa cour aux conseils de l'Etat. Pour la mieux adorer, ils la veulent plus proche, la font plus douce, la rendent femme. En est-elle moins souveraine, puisqu'elle est plus aimée ? moins divine, puisqu'elle est plus mère ? C'est la gloire de Sienne d'avoir donné à l'art italien de ces siècles ses Madones les plus suaves. Ce peuple de poètes, d'où allait naître saint Bernardin, comprit seul sur ce point le poète d'Assise. Ses artistes abondent, à l'égard du groupe divin, en familiarités naïves et délicates, rappelant les berceuses, les Noëls de Jacopone, ou les effusions de saint Bonaventure, le saint qui imprima à toutes les cloches de la terre la palpitation sereine de l'*Angelus*. Avec quel amour, dans les peintures d'Ambrogio, Marie enveloppe de ses bras son fils ! Avec quel humble orgueil elle admire ses petits membres radieux ! Quelles caresses ravissantes échangent la Vierge et Jésus ! Elle est siennoise, l'invention charmante de la *Madonna del Latte*, ce thème si simple et si fertile en chefs-d'œuvre par la majesté ineffable d'une femme allaitant son nouveau-né, et par l'inépuisable grâce des mouvements du nourrisson jouant avec le sein, le pressant de la main ou y collant ses lèvres, le quittant pour le reprendre et pour l'abandonner encore : ce merveilleux poème, deux corps formés d'une même chair, une seule vie qui se continue et se dédouble, deux regards confondus dans une chaîne de tendresses, et ces deux bouches, source intarissable de sourires... La *Madone du Grand-Duc*, la plus divine des Madones de Raphaël, est une variante ombrienne d'une Vierge d'Ambrogio.

L'effort, sinon le plus heureux, du moins le plus original de l'école siennoise, fut d'enhardir sa poétique à l'expression des idées, et d'ajouter au double domaine des faits et des sentiments le domaine de la pensée. Si d'autres avaient eu cette audace avant elle, nulle ne l'a plus souvent répétée, ne l'a soutenue si longtemps, et n'a laissé de ses rêves des images plus imposantes. La plus belle et la plus complète est comprise dans l'enceinte de l'Exposition : ce sont les fameuses allégories du *Bon* et du *Mauvais Régime*, par Ambrogio Lorenzetti. Ces fresques à demi éteintes, et qui se poursuivent sur trois murs d'une salle, enveloppent ce lieu de leurs songes flottant derrière une brume majestueuse. Dans celle du *Mauvais Régime* on ne distingue plus que des ombres sinistres : au-dessus de la Tyrannie, géante aux cornes de taureau, aux horribles boutoirs, le pied droit posé sur un bouc, plane une trinité funeste, la vieille Avarice, Superbe et Vaine-Gloire, celles-ci jeunes, ardentes, lascives, l'une s'amusant d'une balance folle, l'autre souriant à son image réfléchie dans un miroir. L'affreuse mégère est entourée du tribunal des vices qui sont ses conseillers : Cruauté, Trahison, Fraude, la Colère, centaure à tête d'âne, au torse d'homme, à corps de cheval et de chien, la Division en robe mi-partie de blanc et de noir, disant à la fois oui et non. la Guerre enfin, qui résume toutes ces horreurs et préside aux violences et aux égorgements. Du reste, on ne reconnaît rien que des linéaments pâlis de paysage, sur lesquels voltige le fantôme effaré de la Peur.

La fresque voisine, plus célèbre et mieux conservée, est aussi d'une ordonnance plus complexe et plus riche, donnant d'abord l'impression d'une vie supérieure et plus harmonieuse. Au centre d'un aréopage de déesses, reposées dans les attitudes de la pensée et de la paix, trône un Empereur colossal, jeune, roux, ayant l'impassibilité épique d'un Charlemagne, l'œil fier et fixe, portant le globe et le sceptre, couronne au front, et la tête ceinte du vol léger des trois vertus théologales. Son manteau noir et blanc veut dire : Sienne, étant aux couleurs de la Balzane, écu de la cité. A ses pieds la Louve à demi couchée lèche, le mufle allongé, les jumeaux qui la tettent. Plus bas, la procession du peuple, et les soldats en armes gardant la porte de la ville. Mais à gauche de la peinture un groupe singulier attire le regard. Au centre, siège la grande image de la Justice. Extatique, immobile, telle que la Némésis antique, elle lève les yeux vers la Sagesse qui la domine et règle ses conseils, les paumes étendues vers les deux plateaux de la balance mystérieuse. Mais elle n'y impose pas même le petit doigt, et interroge fixement au-dessus d'elle les oscillations de l'arbre d'où leurs disques dépendent. Posés sur chacun d'eux, des génies président d'un côté aux distributions et de l'autre aux échanges. La Concorde, qui en résulte, siège au-dessous de la Justice, parlant avec amour au peuple qui l'écoute, et tenant en travers de ses genoux une pièce de bois, souvent prise pour quelque instrument de musique, et qui est le rabot, clair symbole de l'égalité. Ce n'est pas tout, et voici le trait d'union imaginé par l'artiste pour achever sa pensée, et relier ce groupe au groupe impérial. Un double câble, rattaché au double plateau, vient se réunir entre les doigts de la Concorde, à qui il communique les mouvements de la balance et les ordres de la Justice ; ensuite, passant de main en main le long du cortège du peuple, des marchands et des magistrats, il aboutit enfin au sceptre que tient l'Empereur. Ce qui veut dire… que la justice est la règle des gouvernements et qu'elle s'inspire de la raison, pour produire à son tour l'union des citoyens et leur obéissance au prince, tandis que celui-ci, avec l'aide du ciel et des vertus chrétiennes, sera digne d'être regardé comme la loi vivante sur la terre.

Cet ingénieux rébus, est-ce encore de la peinture ? Très lettré, à ce qu'on assure, poète, philosophe, le peintre mérita des honneurs et des emplois dans sa patrie. Cette légende, sans autre fondement que l'ouvrage qu'on vient de décrire, en est la critique la plus fine : la voix populaire qui a débité tant de contes sur les grands peintres, ne s'avise pas de les improviser magistrats. Il manque à cet ensemble, surchargé d'intentions, et où la leçon trop visible efface l'intérêt du style, cette volupté supérieure qui est la vie propre de l'art. Les élevés des Lorenzetti ont-ils mieux réussi que leurs maîtres dans leurs allégories du *Triomphe de la Mort* au Campo Santo de Pise, et dans ces fresques de la chapelle des Espagnols, cette forte exposition de dogmes, dont on sait que l'*Ecole d'Athènes* et la Dispute du Vatican ne sont que la reproduction en langage de la Renaissance ? Ce fait suffit du moins pour empêcher qu'on ne reproche aux Siennois la folie de leur entreprise, et c'est en vain qu'on croirait les accabler du nom de peintres philosophes. Sans doute Ambrogio, dans un âge où chaque art n'avait qu'une conscience incertaine de ses ressources, de ses limites, de ce qu'on appelle son domaine, venait trop tôt : malgré tout son génie, sa tentative était vouée à rester imparfaite. Mais c'était une erreur féconde. Il est beau d'avoir montré la voie à

Raphaël, et, cette route ouverte, il est beau encore d'y tomber.

Il reste à dire un mot d'un genre où le génie poétique de Sienne devança de bien loin ses rivales : la peinture de paysage. Les grands inventeurs en ce sens sont les Lorenzetti. Pietro, génie bourru, naïf, peu réglé, se jette à corps perdu dans ce monde qu'il découvre. Tout l'arrête, l'enchante, lui paraît digne de regard et d'amour. Il entasse dans ses peintures un chaos de choses inouï : des rochers, des ruisseaux, des torrents, de petits ponts qui les franchissent, la roue du moulin qu'ils animent, le bief où l'eau se heurte et forme des remous : des arbres et des brins d'herbe, des cavernes et des maisonnettes, la mer, les navires, les îles avec leur forteresse, le rivage où l'oiseau des grèves se promène sur ses échasses, la grève elle-même qui ressemble, avec sa poussière de coraux et de nacres, à la tapisserie dont le lichen rouille les roches. Le tout, sans proportion, sans perspective ni forte impression d'ensemble, n'a point de beauté véritable ; et ce que l'artiste a de plus touchant, c'est ce vaste élan puéril pour étreindre l'univers. Toutefois, dans cette œuvre confuse et inégale, éclate plus d'une audace heureuse : le vocabulaire s'enrichit d'une foule de locutions nouvelles.

Le chef-d'œuvre attendu fut l'ouvrage d'Ambrogio, le cadet et l'élève de Pietro : c'est la fresque qui décore la troisième paroi de la salle de la Paix, et expose les effets du *Bon gouvernement*. Sous ce titre, peu attrayant, l'artiste développe une vaste idylle. Une moitié se passe à la ville ; mais l'autre moitié représente une campagne, où l'on assiste aux vingt actes divers des travaux et des plaisirs des champs. C'est l'été, la moisson est faite, on bat les blés sur l'aire ; déjà le laboureur pousse le soc dans les chaumes, mais ce n'est pas encore le temps de la vendange. Cependant des groupes de cavaliers et de dames partent pour la chasse en causant, avec leurs faucons et leurs chiens, tandis que des bourgeois, organisant une battue, tirent des grives dans les vignes. Des manants conduisent à la ville, qui son âne chargé de ballots, qui son cochon qu'il cingle à coups de houssine. Un cul-de-jatte demande l'aumône, sur le bord du fossé. Les routes sont sûres au loin, l'année fertile, le pays heureux. Tel qu'il est aujourd'hui, décoloré, réduit à l'état de grisaille, ayant perdu aux trois quarts ses valeurs et ses effets, le paysage ici est encore pour nous surprendre. La seule diversité en fait déjà un objet d'étonnement. Un paysagiste moderne ferait vingt morceaux de cette fresque. Le peintre de marines ne se hasarde plus aux sujets de forêt. Avec notre besoin d'analyse, nous faisons le portrait d'un arbre, d'un nuage, d'une vague. A vrai dire, nous avons remplacé le tableau par l'étude. Ambrogio ose la peinture d'une contrée entière. Il la prend au talus qui dévale de la porte de la ville, et suit ses mouvements complexes jusqu'à l'horizon. C'est la géographie idéale de la campagne siennoise. Et quoique la mer en soit fort éloignée, le peintre figure dans un coin de son tableau un port, le port de Talamone, nouvellement acquis par la République, qui en est fière et se flatte de capter par-là le commerce de Florence.

Cependant ici, pour la première fois, le sentiment moderne, l'observation positive de la nature apparaissent dans l'art et parlent leur vrai langage. Chaque objet est défini dans sa forme ; on distingue chaque sorte de culture, les chaumes des labours, les labours des prairies et des plantations maraîchères. Les cordons de vignobles rayent le flanc des collines, les champs plus éloignés, séparés par des haies, ressemblent à une étoffe rapiécée. Tout cela est vu d'un regard calme, simple, juste : Ambrogio repose paisiblement ses yeux sur l'image de la patrie. Il ne la flatte point, la trouvant assez belle. Il apporte à cette peinture quelque chose qui vaut mieux que la passion : de l'amour filial. Cette extrême et profonde intimité avec les choses lui permet d'exprimer sans effort ce qui nous paraît impossible, l'harmonie de ces mille détails. Une route descend de la porte de Sienne, chemine dans la plaine, côtoie des villages, disparaît au milieu des collines ; peu de bois, des verdures rares, une contrée d'aspect grave, de couleurs pauvres mais de traits admirables, où chaque croupe de montagne se dessine si distinctement qu'elle semble repoussée au marteau dans du cuivre…

Section V

Telle est, au milieu du XIVe siècle, la grandeur de l'école siennoise. Elle rogne d'un bout à l'autre de l'Italie. On fait venir ses peintres jusqu'à Naples. Depuis la mort de Giotto, Florence n'a plus d'égal à opposer à ses maîtres, et se met à les imiter. C'est alors qu'une série de revers et de bouleversements : la peste, la chute des Neuf, quatre révolutions en quatre mois, les proscriptions, les troubles et les ruines qui suivirent, paralysent pour toujours les destinées de l'école. Peut-être aussi n'y a-t-il là qu'une rencontre frappante. Peut-être, après cet âge d'efforts splendides, ne restait-il plus qu'à décroître. Il ne semble pas que Simone, ni les Lorenzetti aient laissé d'élèves clignes d'eux. Barna, artiste véritable, tombe d'un échafaudage, et se tue à trente ans. Bartolo di Fredi n'a qu'un talent vulgaire. Ni le grand nombre d'ouvrages de son élève Taddeo, ni même son importance comme fondateur de l'école ombrienne, ne peuvent faire illusion sur sa médiocrité.

Ce qui rend l'effacement de Sienne si sensible, c'est qu'elle s'endort au moment où, dans l'Italie entière, éclate un prodigieux réveil. Coup sur coup, de chacune des villes de l'Ombrie, Gubbio, Fabriano, Pérouse, surgit un grand artiste ; Pérugin est proche, et il sera le maître de Raphaël. Mais nulle part la nouvelle ère ne s'annonce plus radieuse qu'à Florence. Cette ville produit seule autant de grands hommes que toutes les autres ensemble. Elle prodigue le génie. Elle est la fournaise où se forgent les méthodes et le style de la Renaissance. Sienne se tient à l'écart de ce monde en fusion. Elle s'exile elle-même de ce qui sera l'avenir. Quand tout change autour d'elle, ses artistes demeurent les mêmes. Ils s'enferment étroitement dans leur cité, sur leurs collines, avec leur passé et leur idéal. Leurs ouvrages ont un air d'autrefois : sans la date et la signature, on les croirait de l'autre siècle. L'école se byzantinise. Le fait est assez singulier pour retenir un moment l'attention.

Il surprend davantage encore, si l'on songe qu'à Sienne même vient de naître un des plus éclatants génies de l'Italie, le sculpteur Jacopo délia Quercia. C'est un des résultats les plus certains de l'Exposition que d'avoir fait ressortir la grandeur de ce statuaire, dont la destinée semblait d'être à jamais incompris dans sa patrie. Sienne s'est honorée en retirant du chantier de décombres qu'est l'Œuvre du Dôme, les débris rayonnants de la Fonte Gaia, pour les restaurer, en leur ordre primitif, dans la belle loggia de son Palais Public. On a pu restituer au maître avec certitude un certain nombre de morceaux attribués à ses élèves. On a réuni les moulages du reste de son œuvre. Cet homme extraordinaire est de ceux qui font le tour d'un art, et en épuisent à eux seuls toute l'évolution. Sa première œuvre, la statue funéraire d'*Ilaria del*

Caretto, à Lucques, est conforme aux principes de l'art du moyen âge ; sa dernière, la *Madone* du portail de San Petronio, à Bologne, fait déjà penser à Bernin. Mais le maître qu'il semble annoncer entre tous, dont on dirait que, quatre-vingts ans à l'avance, il vient ébaucher les chefs-d'œuvre, c'est Michel-Ange. Il en a le souffle grandiose, le naturalisme superbe qui ne consulte la nature que pour lui faire violence, la sublime tyrannie qui prétend traiter le corps humain comme une forme expressive, que l'artiste a le droit de pétrir et de remanier à sa guise. A l'exception de deux articles : la dignité héroïque du nu, et le choix des formes colossales, toute l'esthétique du *Moïse* et du *Tombeau des Médicis* se trouve, en ses traits essentiels, contenue dans l'œuvre de Jacopo.

Comment la révolution accomplie par ce grand homme dans le marbre n'eut-elle point ses conséquences ordinaires dans le tableau ? Chose étrange ! les élèves de Jacopo, les Neroccio, les Vecchietta, à la fois sculpteurs, ingénieurs, architectes et peintres, suivent en tout le nouveau style, se placent dans tous les arts au premier rang de la Renaissance, — hormis dans la peinture, où ils continuent de chanter leur cantique pieux en dialecte siennois.

L'explication en est dans un trait caractéristique de la psychologie du peuple siennois. L'art du XVe siècle, avec son air ancien et son archaïsme touchant, est ici un produit, et, si l'on veut, c'est la rançon de la dévotion siennoise. Il est difficile aujourd'hui de comprendre à quel point, avec quelle candeur, quelle humilité, quel élan Sienne a été pieuse. Ni les crimes, ni les factions et les désordres, mieux encore, non pas même les richesses et les délices n'ont pu altérer cette imperturbable piété. Sienne commet des excès horribles, se porte aux pires folies, sans cesser de garder intacts la fraîcheur et le velouté de sa foi. La Terreur est en permanence. La foule prend le goût du sang. Les atrocités se multiplient. Et il se trouve dans cette ville souillée et furieuse un coin d'innocence où des femmes, aux noms aussi purs qu'elles-mêmes, Diane, Pie, Bartolomée et Tobia, environnent et protègent l'enfance immaculée du petit Bernardin de Sienne. Les œuvres charitables, dont cette ville est justement fière, n'ont jamais été plus actives. C'est en soignant les pestiférés de l'hôpital de la Scala que meurt le bienheureux Bernard Toloméi, fondateur des Olivétains. C'est là que le bienheureux Jean Colombini, fondateur des Pauvres Gésuates, fait l'apprentissage de la sainteté. Le bienheureux Pietro de'Pie-troni n'est pas mort, quand déjà se révèlent les sublimes vertus de sainte Catherine. Et l'année même où s'éteint celle-ci voit la naissance de saint Bernardin. Peu de villes au monde peuvent se glorifier d'une pareille couronne mystique. On ne saurait exagérer Faction de ces grandes âmes. D'ailleurs la piété de Sienne est une seconde forme de son patriotisme. Le peuple se vante de deux choses : l'antiquité de ses origines, et la protection de la Vierge. Sienne est Sena Vêtus Civitûs Virginis. Renoncer à ce titre serait se renoncer soi-même. Par lui Sienne est invulnérable, invincible, à l'abri des épreuves, défendue de ses ennemis, pardonnée de ses propres fautes. Car pour le Siennois la Vierge n'est pas seulement une souveraine idéale : il l'a contemplée réellement et vue de ses yeux. La veille de Montaperti, les soldats qui campaient autour des feux de bivouac aperçurent, comme le ciel était bas, la blancheur de sa robe traîner au milieu des nuées…

Dans cette ville si pieuse, personne d'aussi pieux que les peintres. Leur art s'était longtemps conservé dans les cloîtres : même laïcisé, il lui en reste encore comme une ombre religieuse. Ils n'ont, de leur vie, guère autre chose à faire que des décorations d'église. Le tableau qu'ils exécutent est destiné à la vénération sur un autel, dans la paroisse où ils iront dormir à côté de leurs frères endormis. L'image qu'ils composent de leurs mains sera contemplée par les pauvres et les petits : sous ces traits les fidèles rêveront la béatitude des saints, et les humbles en recevront la forme de leurs espérances. Au commencement de leurs statuts, les peintres de Sienne exposent leur mission en ces termes : « Le peintre est l'homme choisi par la grâce de Dieu pour enseigner aux hommes ignorants et sans lettres les choses miraculeuses opérées par la foi. » Puis, « pour ce que nulle chose, si médiocre soit-elle, ne saurait recevoir commencement ni fin, sans ces trois conditions : *le savoir, le pouvoir et le vouloir joint à l'amour,* » le texte s'achève par une prière.

Au XVe siècle encore, tous sont de bons chrétiens, secourent les malades, visitent les misérables. Leurs mœurs sont pures. Nul exemple chez eux de ces débordements scandaleux si communs parmi les peintres de Florence, et qui ont fait regarder le désordre, l'effrénément des appétits, l'assassinat lui-même, comme des marques de la force de l'individu et les conditions de la

Renaissance. On parle de Sano di Pietro comme d'un bon peintre, mais surtout comme d'un homme qui vivait tout en Dieu. Matteo di Giovanni s'enrôle dans une société d'infirmiers, qui choisissent pour camerlingue ce confrère plein de ferveur. Vecchietta peint dévotement les volets de l'armoire au linge de l'hôpital de la Scala, et regarde comme une faveur d'y doter une chapelle, où il consacre ses dernières années à peindre, non pour éterniser son nom, « mais pour assurer à son âme le bienfait des prières des pauvres. »

En ces âmes charmantes se continue le songe opiniâtre de la Cité mystique. Ces peintres sont les gardiens des rêves de leur peuple. Une disposition singulière de leurs statuts défend à tout peintre étranger le séjour de la ville, à moins de l'acquittement d'un droit qui est, en fait, une prohibition. Aucune nouveauté ne doit avoir accès dans le Paradis enchanté dont leurs âmes sont prisonnières. Les fidèles ne l'eussent pas soufferte. Comment la fille pieuse qui commandait à Sano di Pietro une peinture « pour l'âme de son père et de sa mère, » eût-elle permis à l'artiste d'y défigurer sur leurs tombes les idées dont ils avaient vécu ? L'art qui touche au culte est prompt à s'immobiliser : il en emprunte un caractère sacré. On l'appelle alors hiératique. Il est sans exemple qu'un tableau moderne ait opéré des prodiges : toutes les images miraculeuses sont des ruines enfumées. On serait curieux de savoir ce qu'était cette Vierge peinte en 1310 sur une porte de Sienne, à laquelle saint Bernardin, ayant l'âge où l'on aime, allait chaque jour faire sa cour, et qu'il nommait sa bien-aimée. Beaucoup plus tard encore, il ne pouvait se figurer la Mère de Dieu sous d'autres traits ; et lorsque, prêchant aux Siennois sur l'Assomption, il voudra leur en faire éclater les splendeurs, il n'en trouve que cette image : « Une nuée d'anges l'environne, qui jubilent, dansent, chantent, font mille rondes, comme vous en voyez la peinture sur la porte Camollia. » Même au siècle suivant, quand le goût eut changé, ce sentiment ne changea pas : les peintures archaïques cessent d'être admirées, elles n'en sont pas moins vénérées. On voit à l'Exposition un tableau commandé à Francesco Vanni, peintre du milieu du XVIe siècle, pour un autel de l'église des Carmes. La toile cachait une Madone byzantine, du style le plus barbare, mais en qui on avait confiance. Les fidèles réclamèrent leur Madone. Une ouverture fut pratiquée dans la toile de Vanni, à la taille de l'ancien tableau : et, de nos jours encore, ce morceau à demi païen de la Renaissance sert de cadre à la vieille icône.

Ainsi se produisit cette chose charmante et singulière, fraîche et un peu vieillotte, exquise en sa bizarrerie, qu'est la peinture siennoise du XVe siècle. L'école n'a plus de grands maîtres : jamais elle n'en a eu de plus aimables. L'art cesse de créer sans cesser de sentir ; il ne fait plus que se souvenir et ses réminiscences ont le prix d'expressions originales. Enfin, comme leur fidélité volontaire au passé, chose toujours si touchante, isole ces peintres au milieu d'un monde emporté vers d'autres destins, comme ils vivent hors de leur siècle, il arrive qu'en se ressemblant à eux-mêmes ils ne ressemblent à personne, et que, sans créateurs puissants, sans autre progrès que le raffinement que donne l'âge aux traditions qui vieillissent, l'école siennoise produit encore quelques maîtres exquis. Au milieu du torrent qui roule vers l'avenir, elle, est l'île délicieuse où la jeunesse sourit en robes surannées, avec des grâces d'autrefois.

Section VI

Parmi ces maîtres humbles et longtemps dédaignés qui commencent à sortir de l'ombre, un des plus gracieux est Stefano di Giovanni, surnommé Sassetta. Un amateur parisien, M. Paul Chalandon, a bien voulu prêter à l'Exposition deux des ravissants tableaux qu'il possède de cet artiste et qui représentent deux scènes de la vie de saint François.

Sassetta est le peintre exquis de cette légende : il l'a peinte comme eût fait l'auteur des *Fioretti*. Beaucoup moins grand que Giotto, il est beaucoup plus poétique. Le caractère historique du saint et surtout de son entourage se trouve chez lui fort obscurci : le Pape, les cardinaux, le brutal père Bernadone, sont devenus pour Sassetta, comme ils l'étaient pour le peuple, les figures d'un conte de nourrice, faites à plaisir pour tourner et pour s'effacer autour d'un héros, devenu lui-même tout idéal : mais il se trouve que le Saint ressemble plus à cette image qu'à aucun portrait plus réel ; et le peuple cette fois a été plus artiste et plus clairvoyant que Giotto. Sassetta est le premier peintre qui ait reproduit l'adorable anecdote de la conversion du loup de Gubbio. Pourquoi ce morceau, conservé dans une autre collection de Paris, n'était-il pas à Sienne ? Pourquoi deux seulement des six tableaux de M. Chalandon ? De tous le plus regrettable, le plus parfait et le plus pur, c'est le *Mariage mystique de saint François*, la perle italienne du musée de Chantilly. Ce chef-d'œuvre n'est plus à décrire. L'admirable campagne siennoise, le soir qui dore au premier plan la porte de San Quirico, la douce vallée que ferme au loin le cône majestueux du mont Amiata ; les trois vierges pudiques et sveltes, l'Humilité, la Charité, la Pauvreté, si soudaines et si légères, unies par leurs bras qu'elles se donnent, comme les Trois Grâces chrétiennes ; la vive démarche du saint qui, s'empressant à leur rencontre, reçoit avec amour l'anneau qu'une des sœurs lui présente, tandis que Frère Léon, un peu à l'écart, joint les mains et admire : tout cela, pour la forme et le sentiment, est une chose accomplie. Et tout cela ne serait rien, sans la divine fuite de l'apparition, qui s'élève d'un vol sans ailes, traçant dans le beau crépuscule une suave courbure, comme le triple rayon d'un paisible arc-en-ciel. Quel poète a su exprimer en peinture cette chose, entre toutes insaisissable : l'évanouissement d'une vision ? Mais ce ne serait rien encore, sans cette idée exquise : le regard de l'épouse angélique qui détourne la tête en remontant au ciel. Il n'y a pas dans l'art une idylle plus tendre, plus mystique et plus virginale.

Le plus intransigeant et le plus populaire des élèves de Sassetta, lequel porte le nom si siennois d'Ansano (qu'on abrège en Sano) di Pietro, est représenté à l'Exposition par un bon nombre d'œuvres, malheureusement assez médiocres. On trouve pourtant dans le nombre quelques morceaux ayant au moins l'intérêt de bons documents. C'est d'abord une copie de la *Présentation au temple*, ce chef-d'œuvre d'Ambrogio Lorenzetti, conservé à l'Académie de Florence. C'est un clair exemple (on en pourrait citer plusieurs autres), qu'en plein XVe siècle il n'y a d'autres maîtres à Sienne que ceux du Trecento. Ce sont, en réalité, ces grands morts qui continuent de peindre ; leurs mains d'ombres dirigent le pinceau dans la main de leurs dociles neveux. Mais à côté de ces ouvrages de pure imitation qui montrent où nos gens ont été à l'école, et menaceraient de faire craindre pour la sincérité de leur style, voici, sur un panneau de la taille des deux mains, reconnaissable à ses joues creuses, à ses jolis yeux gris, au rictus convulsif de ses lèvres exsangues, le visage pâle et charmant de saint Bernardin, le seul dont l'école eût admis le portrait ressemblant au milieu de ses figures irréelles, pour l'avoir vu souvent si transfiguré par l'éloquence, si radieux d'amour, qu'il eût paru moins beau sans son infirmité. Une pareille exception atteste suffisamment l'immense ascendant de cet homme. Sano avait peint, du vivant du saint, une chapelle dans son couvent chéri de la Capriola. Il avait assisté, soit sur la Piazza del Campo, soit sur l'esplanade des Servîtes, à ces prédications en plein air, durant six heures de suite, où venaient prendre place à genoux, avant le lever du soleil, des foules de trente mille auditeurs, les femmes séparées des hommes par une barrière ou un cordon, et où, pour que l'on pût entendre de plus loin, un drapeau planté sur la chaire indiquait d'où venait le vent. Sano nous a laissé de telles scènes deux tableaux qu'on peut voir à l'Exposition et qui ressemblent à de grandes miniatures de Fouquet. C'est ce qui explique le charme de ce peintre sans grands mérites. Ce n'était qu'un bon artisan, mais son maître ès arts fut un saint.

Sano est souvent appelé l'Angelico de Sienne. Mais Angelico est un très grand homme : il a la plus ardente imagination mystique ; c'est un peintre admirable. Sano occupe un rang beaucoup plus humble. Ses Madones aux gros yeux ronds à fleur de tête, fendus bénignement en amandes, aux sourcils naïvement formés d'une virgule, à l'air benoît plutôt que suave, et que rien ne distingue des béates qui les entourent, on leur trouverait peu de charme, si elles n'étaient si pieuses. Son art est de ces choses où il n'y a rien pour l'esprit, mais où Dieu connaît ceux qui l'aiment. Il a la tradition, l'instinct de ces arrangements, de ces plis réservés, de ces pudeurs, de ces secrets de moniales qui font que, les ayant perdus, de bien plus grands artistes n'égaleront pas l'impression que nous recevons de ce peintre qui jamais n'a montré la gorge ni les pieds d'une femme. Son imagination est du même ordre que celle des dévotes qui préparent les reposoirs. Ses anges couronnés de roses sont de simples enfants de chœur des processions de la Fête-Dieu ; mais ce sont aussi les modèles des plus beaux anges qui existent, les anges ombriens de Benedetto Bonfigli. Le petit Jésus qui bénit sur les genoux de la Madone ressemble, dans sa chemise ou dans ses langes, au Bambino de cire des crèches ; mais ne sait-on pas que saint François d'Assise l'a vu s'animer sur sa paille et sourire, une nuit de Noël qu'il prêchait aux paysans assemblés, dans une forêt de la vallée de la Greccia ?

Parmi les derniers artistes originaux de Sienne, le seul grand peintre est Matteo di Giovanni. Vasari ne le nomme point ; de sa vie on sait peu de chose ; son œuvre est peu considérable. Ce maître assez mystérieux n'en est pas moins un fort grand maître. L'école semble, avant de mourir, avoir voulu se donner la joie de voir revivre un autre Simone. Des éclairs de sang traversent par instants la pensée de ce doux génie. Il voit passer avec des cris « les mères échevelées, portant sur leur tête un berceau, serrant dans leurs bras un enfant, en traînant un autre à la main, fuyant avec leurs petits effrayés, offrant un spectacle à fendre l'âme. » Ce sont les termes d'un chroniqueur relatant les horreurs d'une révolution à Sienne. Quatre fois l'affreuse vision se représente aux yeux du peintre, qui la reproduit quatre fois sous les traits du *Massacre des Innocents*. L'Exposition en offre un des plus beaux exemplaires. C'est une peinture farouche de l'angoisse et du carnage. La violence des émotions paralyse les acteurs. Cette foule hurlante de désespoir et de terreur se débat sans issue dans un cadre étouffant, comme dans une épouvantable toile d'araignée. Hérode domine la scène avec son museau fourbe et féroce d'hyène couronnée. La douleur est ici grimaçante, hystérique. Et pourtant la conviction du peintre est si évidente, sa bonne foi si douloureuse, l'exécution si appliquée qu'on s'arrache avec peine à ce rêve pénible. Enfin le cauchemar se dissipe, et le peintre reprend le fil du songe adorable de Sienne. Cette partie la plus exquise de son œuvre n'est pas représentée à l'Exposition. Mais les églises de la ville nous ménagent le plaisir de visiter quelques chefs-d'œuvre placés encore sur les autels pour lesquels ils ont été faits.

Le plus connu est son tableau de San Domenico, où, sous une lunette charmante, représentant *l'Adoration des Mages*, il a peint sainte Barbe entre les saintes Madeleine et Catherine d'Alexandrie, accompagnées de quatre anges faisant de la musique et supportant une couronne. L'or du fond, l'écarlate et la pourpre des deux compagnes de sainte Barbe ; celle-ci, assise en robe de satin blanc broché d'or, en manteau de velours vert sombre frappé d'or ; les deux anges debout près d'elle qui lui jouent de la mandore et de la viole ;

les deux autres, plus petits, qui planent sur sa tête et y déposent une couronne, soutenus en l'air par des nuées : cet ensemble mi-archaïque, mi-renaissant, à cette date est unique. Les corps sont chastement, mais savamment construits, par un amoureux qui n'ignore rien de la beauté des femmes, mais sait lui conserver ses voiles. Les visages ont quelque chose d'inexprimable. La couleur mieux conservée leur fait-elle ces teints limpides ? La préparation d'or et de cinabre sur laquelle ils sont peints leur donne-t-elle cette transparence inouïe ? C'est la dernière fois qu'apparaît dans l'art cette image, joie et tourment d'un peuple pendant deux siècles, ce songe d'une beauté lointaine, beauté de Juive ou de Persane, qui garde dans ce nouveau pays, sous ce ciel étranger, un air de princesse en exil, poursuivant éternellement un rêve inaltérable, sous ses longues paupières abaissées, dans une douce léthargie.

« Et Léonard de Vinci a déjà vingt-six ans ! » s'écrie Taine devant ce tableau. Il est vrai. Indifférente au monde, à Pérouse naissant près d'elle, à Venise s'éveillant là-bas sur sa lagune, méprisant Florence qui se remue et se travaille, Sienne ne veut rien voir et oublie de vivre, les yeux obstinément attachés à son rêve. Le temps, les siècles pour elle ne comptent pas : les générations meurent pour renaître pareilles. On ne peut s'empêcher de songer à la légende de ce moine qui, en peine de savoir à quoi se passerait l'éternité, s'éloigna un jour du couvent à l'heure de matines ; un oiseau invisible se mit à chanter sur une branche ; le moine s'étendit sous l'arbre, et ne cessa d'écouler qu'au coup de la cloche de vêpres qui venait dans le crépuscule. Comme il rentrait, il fut surpris de ne pas reconnaître le portier. Lui-même n'était connu d'aucun des frères. Le plus vieux seul avait ouï dire à l'un de ses anciens, dans le temps qu'il était novice, qu'un de leurs frères était sorti un matin et n'avait point reparu. Dans l'espace qu'il avait pris pour l'intervalle de l'aube au soir, il s'était écoulé plus d'un siècle. A peine eut-il compris, qu'il expira.

Section VII

C'est ce qui arriva bientôt pour l'art siennois. La rêverie devient funeste, dès que manque la puissance dont elle n'était que la fleur

spirituelle. Rien ne subsistait plus de l'antique gloire de Sienne :
la République avait vécu ; sa fierté longtemps intraitable s'était
abandonnée à la tyrannie corrompue de l'habile et lâche Pandolfo.
La fortune publique touchait à la banqueroute. Dans ce monde
décomposé, le vieil idéal ne pouvait plus que se flétrir. Les artistes
qui s'y attachent encore, comme Benvenuto di Giovanni, sont des
formalistes secs et maniérés.

Sienne devient ville ouverte aux idées étrangères. L'école
ombrienne l'envahit la première. Déjà Luca Signorelli a été appelé
à décorer la demeure du Magnifique. Pérugin exécute pour la
famille Chigi la splendide *Crucifixion* de Sant' Agostino. Mais le
grand champion de la Renaissance dans Sienne, c'est ce singulier
Ænéas Sylvius, pape sous le nom de Pie II, un de ces hommes à qui
leur médiocrité personnelle permet de revêtir une signification
générale, en reflétant sans distinction tous les aspects les plus
contraires d'une grande époque. De son vivant, son influence
fut nulle dans sa patrie. Mais, cinquante ans après sa mort, elle
renaquit de ses cendres. Sa famille ayant résolu de le célébrer par
un monument digne de lui, construisit la fameuse *Librairie* de la
cathédrale, et chargea de la décoration le peintre des Borgia. Ce
choix semble dicté miraculeusement par le défunt. Quel artiste lui
eût mieux convenu que ce Bernardino Betti que sa facilité légère,
brillante et superficielle fit surnommer Pintoricchio ? Ses peintures
sans profondeur, d'ailleurs charmantes et vivement exécutées avec
l'aide d'une foule d'élèves pris dans les ateliers de Sienne, agirent
comme un prompt dissolvant sur la tradition à demi morte de
l'école.

On lui voit prendre les habitudes d'un éclectisme misérable. Les
ouvrages de Bernardino Fungai mêlent à l'imitation de Pérugin et
de Pintoricchio des motifs empruntés aux gravures allemandes.
Là-dessus arrive du Nord un artiste doué des plus vastes talents,
lequel s'établit à Sienne, n'y plaît pas moins qu'il ne s'y plaît, et
n'a pas de peine à donner le coup de grâce à ce qui y survivait
encore d'original. Il paraît difficile de rattacher à l'école siennoise le
barbare magnifique qui acheva de l'anéantir. Ce Giovann' Antonio
Bazzi, qui se glorifiait du sobriquet de Sodoma, apportait dans son
bagage, — pêle-mêle avec sa ménagerie de singes, ses perroquets,
ses écureuils et son corbeau qui parlait « comme un homme, » —

les nouvelles idées prises un peu partout, à Milan, à Florence, à Rome. L'esprit bariolé d'emprunts faits indifféremment à Léonard, à Michel-Ange et à André del Sarto, il trouvait moyen d'avoir des moments de génie. Ce fou se présenta dans Sienne beaucoup moins comme un maître que comme un corrupteur. Sienne eut la faiblesse d'encourager les fantaisies de l'homme le moins capable de régler le goût d'un public, et s'entêta pour lui d'un engouement dont tous ses édifices portent encore la trace. A la vérité, Jean-Antoine représente à merveille le génie de la molle ville, une fois relâchée de sa vieille discipline. Des artistes qui suivirent ses exemples, les plus connus sont Girolamo del Pacchia et Giacomo Pacchiarotti, que la ressemblance des noms a fait longtemps confondre. La vie de Pacchiarotti a plus d'intérêt que ses ouvrages. C'était un Jacobin, affilié aux Bardotti, la plus redoutable des sociétés secrètes dont Sienne était alors rongée. Dévots, comme on l'était dans un temps où chacun expédiait pieusement son ennemi, les Bardotti formaient le dimanche des réunions où ils s'exerçaient aux armes et s'exaltaient par la lecture de Tite-Live, de Végèce et de Machiavel. A certaines dates, avaient lieu des représentations de quelque atrocité héroïque de l'antiquité, propre à entretenir dans leur âme l'émulation d'une si sublime valeur. Le peintre avait couvert sa chambre de fresques du même genre, et s'enivrait des discours qu'il adressait aux murs. Les Bardotti finirent par se rendre impossibles, et deux d'entre eux furent pendus. L'insolence des autres se change aussitôt en terreur, et Pacchiarotti, poursuivi jusque dans un cimetière, se jette dans une fosse fraîchement ouverte, dont il rabat sur lui la dalle. Il passa là deux jours dans la société infecte du cadavre, et finit par préférer tous les périls à l'horreur de la puanteur et de la vermine. Un édit du gouvernement promit l'impunité à qui prendrait sur soi de dépêcher ce pauvre brouillon.

En face de l'école du maître de Verceil se dresse un petit homme court, rageur, opiniâtre, Domenico Beccafumi. Il avait vu Michel-Ange à Rome et s'était juré de l'égaler. Combien d'autres se vouèrent de même à un misérable et inglorieux échec ! Mais Beccafumi joignait à cette absurde audace ce surcroît d'ambition de vouloir s'exprimer avec les ressources nouvelles de la peinture à l'huile, cet art des raccourcis, des savantes ellipses, des motifs tour à tour plongés et retirés des ombres, et de multiplier par les jeux de la lumière les effets du tableau. Dans une école accoutumée à la pratique beaucoup plus simple de la fresque ou de la détrempe, et qui se servait en couleurs de la gamme irréelle nécessitée par l'intervention métallique de l'or, une pareille tentative était fatalement condamnée. Ce peintre offre un cruel exemple de talents pervertis. Il avait un dessin vulgaire, mais puissant : il passa une moitié de sa vie à le volatiliser dans des essais de clair-obscur, et l'autre à le gaspiller en cartons de graffites pour ce fameux pavé du Dôme, qui passe pour la merveille de Sienne, et n'en est que la plus indiscutable erreur.

Un seul homme, de bien moindre envergure que Sodoma, d'ailleurs beaucoup plus grand architecte que peintre, réussit, à force de mesure et de goût, à donner une expression pure de la Renaissance siennoise. C'est Baldassare Peruzzi, artiste froid mais élégant, ingénieux sans grandes pensées, et agréable sans profondeur. On trouve à l'Exposition une de ses rares toiles. Mais rien ne donne de lui une plus haute idée que ses fresques de la Farnésine où il a su tenir discrètement sa place à côté de Raphaël. Il ne manque pas ensuite de peintres nés à Sienne, mais c'en est fait depuis longtemps de la peinture siennoise. Désormais l'origine d'un artiste peut être regardée comme un hasard indifférent. A l'exception des peintres fortunés qui naîtront à Venise, l'artiste n'a plus de patrie, il n'a que son âge et sa date sur un état civil international. Rutilio Manetti, dont on voit plusieurs toiles excellentes à l'Exposition, est un homme qui fait honneur à sa ville natale. C'est un élève considérable de Caravage et de Spagnoletto. Mais il n'a pas reçu le baptême d'autrefois, où le génie de la cité tenait le nouveau-né sur les fonts, et où l'enfant avait pour marraines toutes les traditions d'une race.

C'est ainsi que mourut cette école de poètes, qui, quelques siècles plus tôt, avec les Duccio, les Simone di Martino, les deux Lorenzetti, s'était élevée au premier rang de l'Italie. Elle n'eut que le malheur, qui est aussi une gloire, de s'y élever la première. De plus jeunes lui succédèrent et elle fut éclipsée. L'Exposition de Sienne aura été utile, si elle a corrigé l'erreur de l'opinion sur cet art admirable, en lui rendant sa place indépendante dans l'histoire, écrite autrefois par Florence avec peu de bonne foi. Florence a fait longtemps régner son goût pour le naturalisme et sa passion du récit. Sienne a toujours dédaigné l'un, et a réussi médiocrement dans l'autre : à tout elle préféra son rêve. Sans doute elle finit par s'y perdre. Du moins ne s'est-elle pas déshonorée par cet excès de terre à terre qui fait horreur dans les ouvrages d'un Castagno, d'un Uccello, et qui rebute encore chez de meilleurs maîtres comme les Pollaiuoli. Elle n'a pas borné son idéal à une mesure si positive. Quant à l'expression du mouvement et du drame, est-ce un crime d'y avoir échoué ? Le sujet, le fait, l'anecdote sont pour l'art des causes de ruine. « Le grand art, écrit Fromentin, pense, rêve, sent, exprime ; il agit et raconte peu. » C'est l'honneur de Sienne d'avoir été, avant Venise, la grande école lyrique d'Italie.

… La ville aux trois collines souffrait sur sa hauteur du manque de l'eau dont Florence au contraire était pourvue en abondance. Une légende assurait qu'un fleuve souterrain coulait sous l'épaisseur de sa montagne. Sienne enfouit des sommes immenses en excavations, pour faire jaillir du roc l'insaisissable source. On montre encore, dans une cour de l'ancien monastère des Carmes, le large puits de brique par où l'on espérait la capter. Dante raille d'un trait cruel cette folle confiance. Mais Sienne cessa d'exister le jour où elle renonça à chercher dans ses profondeurs la mystérieuse Diana. On l'a dit avec éloquence : elle avait résisté aux guerres, aux factions, aux défaites, à l'anarchie. Elle ne put résister à un changement d'Idéal.

ISBN : 978-1724506733

www.ingramcontent.com/pod-product-compliance
Lightning Source LLC
Chambersburg PA
CBHW072033230526
45468CB00021B/1716